Diogenes Taschenbuch 22949

de
te
be

Johann Wolfgang Goethe

Faust

Eine Tragödie
In einer krassen Bearbeitung
von Eberhard Thomas Müller
Mit vielen Zeichnungen
von

Wilhelm Busch

Diogenes

Die Erstausgabe erschien 1982
als Diogenes Evergreen
Redaktion und Layout
Christian Strich

Veröffentlicht als Diogenes Taschenbuch, 1997

80/97/24/1
ISBN 3 257 22949 6

Was glänzt, ist für den Augenblick geboren,
Das Echte bleibt der Nachwelt unverloren.

PROLOG IM HIMMEL

MEPHISTOPHELES

Da du, o Herr, dich einmal wieder nahst
Und fragst, wie alles sich bei uns befinde,
Und du mich sonst gewöhnlich gerne sahst,
So siehst du mich auch unter dem Gesinde.
Die Menschen dauern mich in ihren Jammertagen,
Ich mag sogar die armen selbst nicht plagen.

DER HERR

Kennst du den Faust?

MEPHISTOPHELES

Den Doktor?

DER HERR

Meinen Knecht!

MEPHISTOPHELES

Fürwahr! er dient Euch auf besondre Weise.
Nicht irdisch ist des Toren Trank noch Speise.
Ihn treibt die Gärung in die Ferne,
Er ist sich seiner Tollheit halb bewußt;
Vom Himmel fordert er die schönsten Sterne
Und von der Erde jede höchste Lust,
Und alle Näh und alle Ferne
Befriedigt nicht die tiefbewegte Brust.

DER HERR

Wenn er mir jetzt auch nur verworren dient,
So werd ich ihn bald in die Klarheit führen.
Weiß doch der Gärtner, wenn das Bäumchen grünt,
Daß Blüt und Frucht die künft'gen Jahre zieren.

MEPHISTOPHELES

Was wettet Ihr? Den sollt Ihr noch verlieren,
Wenn Ihr mir die Erlaubnis gebt,
Ihn meine Straße sacht zu führen!

DER HERR

Solang er auf der Erde lebt,
So lang sei dir's nicht verboten.
Es irrt der Mensch, solang er strebt.

MEPHISTOPHELES

Da dank ich Euch; denn mit den Toten
Hab ich mich niemals gern befangen.
Am meisten lieb ich mir die vollen, frischen Wangen.

Für einen Leichnam bin ich nicht zu Haus;
Mir geht es wie der Katze mit der Maus.

DER HERR

Nun gut, es sei dir überlassen!
Zieh diesen Geist von seinem Urquell ab
Und führ ihn, kannst du ihn erfassen,
Auf deinem Wege mit herab,
Und steh beschämt, wenn du bekennen mußt:
Ein guter Mensch, in seinem dunklen Drange,
Ist sich des rechten Weges wohl bewußt.

MEPHISTOPHELES

Schon gut! nur dauert es nicht lange.
Mir ist für meine Wette gar nicht bange.
Wenn ich zu meinem Zweck gelange,
Erlaubt Ihr mir Triumph aus voller Brust.
Staub soll er fressen, und mit Lust,
Wie meine Muhme, die berühmte Schlange.

DER HERR

Du darfst auch da nur frei erscheinen;
Ich habe deinesgleichen nie gehaßt.
Von allen Geistern, die verneinen,
Ist mir der Schalk am wenigsten zur Last.
Des Menschen Tätigkeit kann allzu leicht erschlaffen,
Er liebt sich bald die unbedingte Ruh;
Drum geb ich gern ihm den Gesellen zu,
Der reizt und wirkt und muß als Teufel schaffen.
Doch ihr, die echten Göttersöhne,
Erfreut euch der lebendig reichen Schöne!
Das Werdende, das ewig wirkt und lebt,
Umfaß euch mit der Liebe holden Schranken,
Und was in schwankender Erscheinung schwebt,
Befestiget mit dauernden Gedanken!

MEPHISTOPHELES

Von Zeit zu Zeit seh ich den Alten gern
Und hüte mich, mit ihm zu brechen.
Es ist gar hübsch von einem hohen Herrn,
So menschlich mit dem Teufel selbst zu sprechen.

NACHT

In einem hochgewölbten, engen, gotischen Zimmer
Faust unruhig auf seinem Sessel am Pulte

Habe nun, ach! Philosophie,
Juristerei und Medizin,

Und leider auch Theologie
Durchaus studiert, mit heißem Bemühn.

Da steh ich nun, ich armer Tor!
Und bin so klug als wie zuvor;

Heiße Magister, heiße Doktor gar,
Und ziehe schon an die zehen Jahr
Herauf, herab und quer und krumm
Meine Schüler an der Nase herum –

Und sehe, daß wir nichts wissen können!
Das will mir schier das Herz verbrennen.
Zwar bin ich gescheiter als alle die Laffen,
Doktoren, Magister, Schreiber und Pfaffen;

Mich plagen keine Skrupel noch Zweifel,
Fürchte mich weder vor Hölle noch Teufel –

Dafür ist mir auch alle Freud entrissen,
Bilde mir nicht ein, was Rechts zu wissen,
Bilde mir nicht ein, ich könnte was lehren,
Die Menschen zu bessern und zu bekehren.
Auch hab ich weder Gut noch Geld,
Noch Ehr und Herrlichkeit der Welt;
Es möchte kein Hund so länger leben!
Drum hab ich mich der Magie ergeben,

Ob mir durch Geistes Kraft und Mund
Nicht manch Geheimnis würde kund;
Daß ich nicht mehr, mit sauerm Schweiß,
Zu sagen brauche, was ich nicht weiß;
Daß ich erkenne, was die Welt
Im Innersten zusammenhält,
Schau alle Wirkenskraft und Samen,
Und tu nicht mehr in Worten kramen.

O sähst du, voller Mondenschein,
Zum letztenmal auf meine Pein,
Den ich so manche Mitternacht
An diesem Pult herangewacht!
Dann über Bücher und Papier,
Trübselger Freund, erschienst du mir.

Ach! könnt ich doch auf Bergeshöhn
In deinem lieben Lichte gehn,
Um Bergeshöhle mit Geistern schweben,
Auf Wiesen in deinem Dämmer weben,

Von all dem Wissensqualm entladen
In deinem Tau gesund mich baden!
Weh! steck ich in dem Kerker noch?
Verfluchtes dumpfes Mauerloch,
Wo selbst das liebe Himmelslicht
Trüb durch gemalte Scheiben bricht!
Beschränkt von all dem Bücherhauf,
Den Würme nagen, Staub bedeckt,
Den bis ans hohe Gewölb hinauf
Ein angeraucht Papier umsteckt,
Mit Gläsern, Büchsen rings umstellt,
Mit Instrumenten vollgepfropft,
Urväter Hausrat drein gestopft,
Das ist deine Welt, das heißt eine Welt!

Und fragst du noch, warum dein Herz
Sich bang in deinem Busen klemmt?
Warum ein unerklärter Schmerz
Dir alle Lebensregung hemmt?
Statt der lebendigen Natur
Da Gott die Menschen schuf hinein
Umgibt in Rauch und Moder nur
Dich Tiergeripp und Totenbein.
Flieh! Auf! hinaus ins weite Land!
Und dies geheimnisvolle Buch
Von Nostradamus' eigner Hand
Ist dir das nicht Geleit genug?
Erkennest dann der Sterne Lauf,
Und wenn Natur dich unterweist,
Dann geht die Seelenkraft dir auf,
Wie spricht ein Geist zum andern Geist.
Umsonst, daß trocknes Sinnen hier
Die heilgen Zeichen dir erklärt.
Ihr schwebt, ihr Geister, neben mir,
Antwortet mir, wenn ihr mich hört!

(Er schlägt das Buch auf und erblickt das Zeichen des Makrokosmos.)

Ha! welche Wonne fließt in diesem Blick
Auf einmal mir durch alle meine Sinnen!
Ich fühle junges heilges Lebensglück,
Neuglühend mir durch Nerv und Adern rinnen.
War es ein Gott, der diese Zeichen schrieb,
Die mir das innre Toben stillen,
Das arme Herz mit Freude füllen
Und mit geheimnisvollem Trieb
Die Kräfte der Natur rings um mich her enthüllen?
Bin ich ein Gott? mir wird so licht!
Ich schau in diesen reinen Zügen
Die wirkende Natur vor meiner Seele liegen.
Jetzt erst erkenn ich, was der Weise spricht:
»Die Geisterwelt ist nicht verschlossen,
Dein Sinn ist zu, dein Herz ist tot.
Auf! bade, Schüler, unverdrossen,
Die irdsche Brust im Morgenrot.«
(Er beschaut das Zeichen.)
Wie alles sich zum Ganzen webt,
Eins in dem andern wirkt und lebt!
Wie Himmelskräfte auf und nieder steigen
Und sich die goldnen Eimer reichen!
Mit segenduftenden Schwingen
Vom Himmel durch die Erde dringen,
Harmonisch all das All durchklingen!
Welch Schauspiel! aber ach! ein Schauspiel nur!
Wo faß ich dich, unendliche Natur?
Euch Brüste, wo? Ihr Quellen alles Lebens,
An denen Himmel und Erde hängt,
Dahin die welke Brust sich drängt.
(Er schlägt unwillig das Buch um und erblickt das Zeichen des Erdgeistes.)

Wie anders wirkt dies Zeichen auf mich ein!
Du, Geist der Erde, bist mir näher;
Schon fühl ich meine Kräfte höher,
Schon glüh ich wie von neuem Wein,
Ich fühle Mut, mich in die Welt zu wagen,
Der Erde Weh, der Erde Glück zu tragen,
Mit Stürmen mich herumzuschlagen
Und in des Schiffbruchs Knirschen nicht zu zagen.
Es wölkt sich über mir –
Der Mond verbirgt sein Licht –
Die Lampe schwindet!
Es dampft! – Es zucken rote Strahlen
Mir um das Haupt – Es weht
Ein Schauer vom Gewölb herab
Und faßt mich an!
Ich fühl's, du schwebst um mich, erflehter Geist.
Enthülle dich!
Ha! wie's in meinem Herzen reißt!
Zu neuen Gefühlen
All meine Sinnen sich erwühlen!
Ich fühle ganz mein Herz dir hingegeben!
Du mußt! du mußt! und kostet' es mein Leben!
(Er faßt das Buch und spricht das Zeichen des Geistes geheimnisvoll aus. Es zuckt eine rötliche Flamme, der Geist erscheint in der Flamme.)

GEIST

Wer ruft mir?

FAUST *(abgewendet)*

Schreckliches Gesicht!

GEIST

Du hast mich mächtig angezogen,
An meiner Sphäre lang gesogen,
Und nun –

FAUST

Weh! ich ertrag dich nicht!

GEIST

Du flehst eratmend, mich zu schauen,
Meine Stimme zu hören, mein Antlitz zu sehn;
Mich neigt dein mächtig Seelenflehn,
Da bin ich! – Welch erbärmlich Grauen
Faßt Übermenschen dich! Wo ist der Seele Ruf?
Wo ist die Brust, die eine Welt in sich erschuf
Und trug und hegte, die mit Freudebeben
Erschwoll, sich uns, den Geistern, gleich zu heben?
Wo bist du, Faust, des Stimme mir erklang,
Der sich an mich mit allen Kräften drang?
Bist *du* es, der, von meinem Hauch umwittert,
In allen Lebenstiefen zittert,
Ein furchtsam weggekrümmter Wurm?

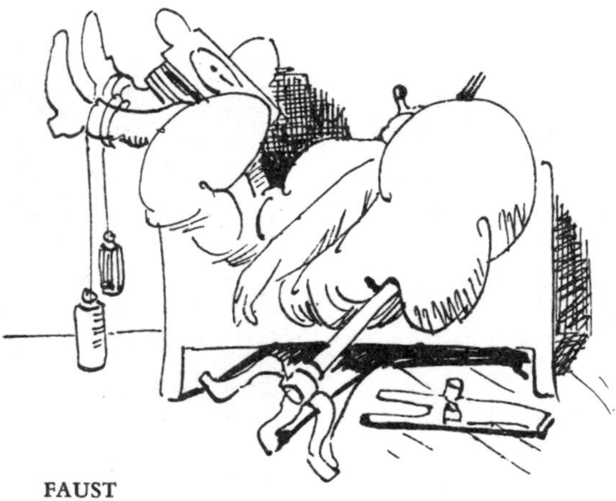

FAUST

Soll ich dir, Flammenbildung, weichen?
Ich bin's, bin Faust, bin deinesgleichen!

GEIST

In Lebensfluten, im Tatensturm
Wall ich auf und ab,
Webe hin und her!
Geburt und Grab,
Ein ewiges Meer,
Ein wechselnd Weben,
Ein glühend Leben,
So schaff ich am sausenden Webstuhl der Zeit
Und wirke der Gottheit lebendiges Kleid.

FAUST

Der du die weite Welt umschweifst,
Geschäftiger Geist, wie nah fühl ich mich dir!

GEIST

Du gleichst dem Geist, den du begreifst,
Nicht mir!
(Verschwindet.)

FAUST *(zusammenstürzend)*
Nicht dir?
Wem denn?
Ich, Ebenbild der Gottheit!
Und nicht einmal dir!
(Es klopft.)
O Tod! ich kenn's – das ist mein Famulus –
Es wird mein schönstes Glück zunichte!
Daß diese Fülle der Gesichte
Der trockne Schleicher stören muß!

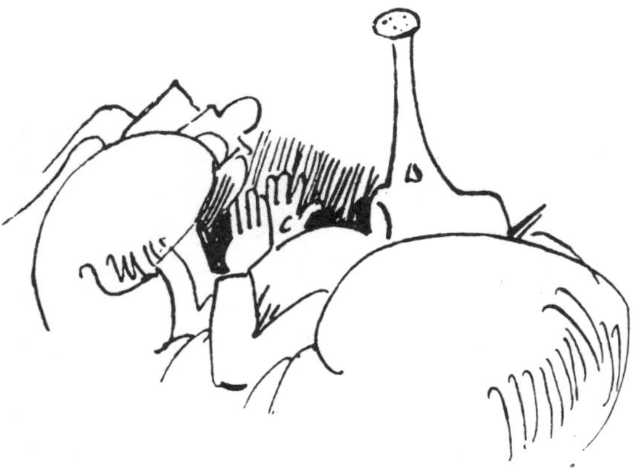

(Wagner im Schlafrocke und der Nachtmütze, eine Lampe in der Hand. Faust wendet sich unwillig.)

WAGNER

Verzeiht! ich hör Euch deklamieren;
Ihr last gewiß ein griechisch Trauerspiel?
In dieser Kunst möcht ich was profitieren,
Denn heutzutage wirkt das viel.

FAUST *(allein)*

Wie nur dem Kopf nicht alle Hoffnung schwindet,
Der immerfort an schalem Zeuge klebt,
Mit gier'ger Hand nach Schätzen gräbt
Und froh ist, wenn er Regenwürmer findet!
Darf eine solche Menschenstimme hier,
Wo Geisterfülle mich umgab, ertönen?
Doch ach! für diesmal dank ich dir,
Dem ärmlichsten von allen Erdensöhnen.
Du rissest mich von der Verzweiflung los,
Die mir die Sinne schon zerstören wollte.
Ach! die Erscheinung war so riesengroß,
Daß ich mich recht als Zwerg empfinden sollte.

Ich, Ebenbild der Gottheit, das sich schon
Ganz nah gedünkt dem Spiegel ew'ger Wahrheit,
Sein Selbst genoß in Himmelsglanz und Klarheit
Und abgestreift den Erdensohn;
Ich, mehr als Cherub, dessen freie Kraft
Schon durch die Adern der Natur zu fließen
Und, schaffend, Götterleben zu genießen
Sich ahnungsvoll vermaß, wie muß ich's büßen!
Ein Donnerwort hat mich hinweggerafft.
Nicht darf ich dir zu gleichen mich vermessen!
Hab ich die Kraft dich anzuziehn besessen,
So hatt ich dich zu halten keine Kraft.
In jenem sel'gen Augenblicke
Ich fühlte mich so klein, so groß;
Du stießest grausam mich zurücke,
Ins ungewisse Menschenlos.
Wer lehret mich? was soll ich meiden?
Soll ich gehorchen jenem Drang?
Ach! unsre Taten selbst, so gut als unsre Leiden,
Sie hemmen unsres Lebens Gang.

Geheimnisvoll am lichten Tag
Läßt sich Natur des Schleiers nicht berauben,
Und was sie deinem Geist nicht offenbaren mag,
Das zwingst du ihr nicht ab mit Hebeln und mit
Schrauben.

Du alt Geräte, das ich nicht gebraucht,
Du stehst nur hier, weil dich mein Vater brauchte.
Du alte Rolle, du wirst angeraucht,
Solang an diesem Pult die trübe Lampe schmauchte.
Weit besser hätt ich doch mein Weniges verpraßt,
Als mit dem Wenigen belastet hier zu schwitzen!
Was du ererbt von deinen Vätern hast,
Erwirb es, um es zu besitzen.
Was man nicht nützt, ist eine schwere Last;
Nur was der Augenblick erschafft, das kann er
nützen.

Doch warum heftet sich mein Blick auf jene Stelle?
Ist jenes Fläschchen dort den Augen ein Magnet?
Warum wird mir auf einmal lieblich helle,
Als wenn im nächt'gen Wald uns Mondenglanz umweht?

Ich grüße dich, du einzige Phiole!
Die ich mit Andacht nun herunterhole,

In dir verehr ich Menschenwitz und Kunst.
Du Inbegriff der holden Schlummersäfte,
Du Auszug aller tödlich feinen Kräfte,
Erweise deinem Meister deine Gunst!
Ich sehe dich, es wird der Schmerz gelindert,
Ich fasse dich, das Streben wird gemindert,
Des Geistes Flutstrom ebbet nach und nach.
Ins hohe Meer werd ich hinausgewiesen,
Die Spiegelflut erglänzt zu meinen Füßen,
Zu neuen Ufern lockt ein neuer Tag.

Ein Feuerwagen schwebt auf leichten Schwingen
An mich heran! Ich fühle mich bereit,
Auf neuer Bahn den Äther zu durchdringen,
Zu neuen Sphären reiner Tätigkeit.

Dies hohe Leben, diese Götterwonne!
Du, erst noch Wurm, und die verdienest du?
Ja, kehre nur der holden Erdensonne
Entschlossen deinen Rücken zu!

Vermesse dich, die Pforten aufzureißen,
Vor denen jeder gern vorüberschleicht.
Hier ist es Zeit, durch Taten zu beweisen,
Daß Manneswürde nicht der Götterhöhe weicht,
Vor jener dunkeln Höhle nicht zu beben,
In der sich Phantasie zu eigner Qual verdammt,
Nach jenem Durchgang hinzustreben,
Um dessen engen Mund die ganze Hölle flammt;
Zu diesem Schritt sich heiter zu entschließen,
Und wär es mit Gefahr, ins Nichts dahinzufließen.

Nun komm herab, kristallne reine Schale!
Hervor aus deinem alten Futterale,
An die ich viele Jahre nicht gedacht!
Du glänztest bei der Väter Freudenfeste,
Erheitertest die ernsten Gäste,
Wenn einer dich dem andern zugebracht.
Der vielen Bilder künstlich reiche Pracht,
Des Trinkers Pflicht, sie reimweis zu erklären,
Auf *einen* Zug die Höhlung auszuleeren,
Erinnert mich an manche Jugendnacht.
Ich werde jetzt dich keinem Nachbar reichen,
Ich werde meinen Witz an deiner Kunst nicht zeigen;
Hier ist ein Saft, der eilig trunken macht.
Mit brauner Flut erfüllt er deine Höhle.
Den ich bereitet, den ich wähle,
Der letzte Trunk sei nun, mit ganzer Seele,
Als festlich hoher Gruß, dem Morgen zugebracht!
(Faust trinkt.)

O tönet fort, ihr süßen Himmelslieder!
Die Träne quillt, die Erde hat mich wieder!

VOR DEM TOR

Spaziergänger aller Art ziehen hinaus.

EINIGE HANDWERKSBURSCHEN

Warum denn dort hinaus?

ANDRE

Wir gehn hinaus aufs Jägerhaus.

DIE ERSTEN

Wir aber wollen nach der Mühle wandern.

EIN HANDWERKSBURSCH

Ich rat euch, nach dem Wasserhof zu gehn.

ZWEITER

Der Weg dahin ist gar nicht schön.
Nach Burgdorf kommt herauf, gewiß dort findet ihr
Die schönsten Mädchen und das beste Bier
Und Händel von der ersten Sorte.

FÜNFTER

Du überlustiger Gesell,
Juckt dich zum drittenmal das Fell?
Ich mag nicht hin, mir graut es vor dem Orte.

DIENSTMÄDCHEN

Nein, nein! ich gehe nach der Stadt zurück.

ANDRE

Wir finden ihn gewiß bei jenen Pappeln stehen.

ERSTE

Das ist für mich kein großes Glück;
Er wird an deiner Seite gehen,
Mit dir nur tanzt er auf dem Plan.
Was gehn mich deine Freuden an!

ANDRE

Heut ist er sicher nicht allein,
Der Krauskopf, sagt er, würde bei ihm sein.

SCHÜLER

Blitz, wie die wackern Dirnen schreiten!
Herr Bruder, komm! wir müssen sie begleiten.
Ein starkes Bier, ein beizender Toback
Und eine Magd im Putz, das ist nun mein Geschmack.

BÜRGERMÄDCHEN

Da sieh mir nur die schönen Knaben!
Es ist wahrhaftig eine Schmach:
Gesellschaft könnten sie die allerbeste haben,
Und laufen diesen Mägden nach!

ZWEITER SCHÜLER *(zum ersten)*
Nicht so geschwind! dort hinten kommen zwei,
Sie sind gar niedlich angezogen.

(Faust und Wagner.)

FAUST
Vom Eise befreit sind Strom und Bäche
Durch des Frühlings holden, belebenden Blick;
Im Tale grünet Hoffnungsglück;
Der alte Winter, in seiner Schwäche,
Zog sich in rauhe Berge zurück.
Von dorther sendet er, fliehend, nur
Ohnmächtige Schauer körnigen Eises
In Streifen über die grünende Flur;
Aber die Sonne duldet kein Weißes,
Überall regt sich Bildung und Streben,
Alles will sie mit Farben beleben;
Doch an Blumen fehlt's im Revier,
Sie nimmt geputzte Menschen dafür.
Kehre dich um, von diesen Höhen
Nach der Stadt zurückzusehen.
Aus dem hohlen, finstern Tor
Dringt ein buntes Gewimmel hervor.

Jeder sonnt sich heute so gern.
Sie feiern die Auferstehung des Herrn;
Denn sie sind selber auferstanden,
Aus niedriger Häuser dumpfen Gemächern,
Aus Handwerks- und Gewerbesbanden,
Aus dem Druck von Giebeln und Dächern,
Aus der Straßen quetschender Enge,
Aus der Kirchen ehrwürdiger Nacht
Sind sie alle ans Licht gebracht.
Sieh nur, sieh! wie behend sich die Menge
Durch die Gärten und Felder zerschlägt,
Wie der Fluß in Breit und Länge
So manchen lustigen Nachen bewegt,
Und bis zum Sinken überladen
Entfernt sich dieser letzte Kahn.
Selbst von des Berges fernen Pfaden
Blinken uns farbige Kleider an.
Ich höre schon des Dorfs Getümmel,
Hier ist des Volkes wahrer Himmel,
Zufrieden jauchzet groß und klein:
Hier bin ich Mensch, hier darf ich's sein!

WAGNER

Mit Euch, Herr Doktor, zu spazieren
Ist ehrenvoll und ist Gewinn;
Doch würd ich nicht allein mich her verlieren,
Weil ich ein Feind von allem Rohen bin.
Das Fiedeln, Schreien, Kegelschieben
Ist mir ein gar verhaßter Klang;
Sie toben wie vom bösen Geist getrieben
Und nennen's Freude, nennen's Gesang.
(Er geht mit Wagnern weiter.)

FAUST

Siehst du den schwarzen Hund durch Saat und
Stoppel streifen?

WAGNER

Ich sah ihn lange schon, nicht wichtig schien er mir.

FAUST

Betracht ihn recht! für was hältst du das Tier?

WAGNER

Es ist ein pudelnärrisch Tier.

FAUST

Du hast wohl recht; ich finde nicht die Spur
Von einem Geist, und alles ist Dressur.

STUDIERZIMMER

FAUST

Sei ruhig, Pudel! renne nicht hin und wider!
An der Schwelle was schnoperst du hier?
Lege dich hinter den Ofen nieder,
Mein bestes Kissen geb ich dir.
Wie du draußen auf dem bergigen Wege
Durch Rennen und Springen ergötzt uns hast,
So nimm nun auch von mir die Pflege
Als ein willkommner stiller Gast. –
Schon schwillt es auf mit borstigen Haaren.
Verworfnes Wesen!
Kannst du ihn lesen?
Den nie Entsproßnen,
Unausgesprochnen,
Durch alle Himmel Gegoßnen,
Freventlich Durchstochnen?
Hinter den Ofen gebannt,
Schwillt es wie ein Elefant,
Den ganzen Raum füllt es an,

Es will zum Nebel zerfließen.
Steige nicht zur Decke hinan!
Lege dich zu des Meisters Füßen!
Du siehst, daß ich nicht vergebens drohe.
Ich versenge dich mit heiliger Lohe!
Erwarte nicht
Das dreimal glühende Licht!
Erwarte nicht
Die stärkste von meinen Künsten!

MEPHISTOPHELES *(tritt, indem der Nebel fällt, gekleidet wie ein fahrender Scholastikus, hinter dem Ofen hervor)*
Wozu der Lärm? was steht dem Herrn zu Diensten?

FAUST
Das also war des Pudels Kern!
Ein fahrender Skolast? Der Kasus macht mich lachen.

MEPHISTOPHELES
Ich salutiere den gelehrten Herrn!
Ihr habt mich weidlich schwitzen machen.

FAUST
Wie nennst du dich?

MEPHISTOPHELES

Die Frage scheint mir klein
Für einen, der das Wort so sehr verachtet,
Der, weit entfernt von allem Schein,
Nur in der Wesen Tiefe trachtet.

FAUST

Bei euch, ihr Herrn, kann man das Wesen
Gewöhnlich aus dem Namen lesen,
Wo es sich allzu deutlich weist,
Wenn man euch Fliegengott, Verderber, Lügner heißt.

MEPHISTOPHELES

Ich bin keiner von den Großen;
Doch willst du, mit mir vereint,
Deine Schritte durchs Leben nehmen
So will ich mich gern bequemen,
Dein zu sein, auf der Stelle.
Ich bin dein Geselle,
Und mach ich dir's recht,
Bin ich dein Diener, bin dein Knecht!

FAUST

Und was soll ich dagegen dir erfüllen?
Sprich die Bedingung deutlich aus;
Ein solcher Diener bringt Gefahr ins Haus.

MEPHISTOPHELES

Ich will mich *hier* zu deinem Dienst verbinden,
Auf deinen Wink nicht rasten und nicht ruhn;
Wenn wir uns *drüben* wiederfinden,
So sollst du mir das Gleiche tun.

FAUST

Die Wette biet ich!

MEPHISTOPHELES

Topp!

FAUST

Und Schlag auf Schlag!
Was willst du böser Geist von mir?
Erz, Marmor, Pergament, Papier?

Soll ich mit Griffel, Meißel, Feder schreiben?
Ich gebe jede Wahl dir frei.

MEPHISTOPHELES

Wie magst du deine Rednerei
Nur gleich so hitzig übertreiben,
Ist doch ein jedes Blättchen gut.
Du unterzeichnest dich mit einem Tröpfchen Blut.

FAUST

Wenn dies dir völlig Gnüge tut,
So mag es bei der Fratze bleiben.

MEPHISTOPHELES

Blut ist ein ganz besondrer Saft.

AUERBACHS KELLER IN LEIPZIG

Zeche lustiger Gesellen

FROSCH

Will keiner trinken? keiner lachen?
Ich will euch lehren Gesichter machen!
Ihr seid ja heut wie nasses Stroh
Und brennt sonst immer lichterloh.

BRANDER

Das liegt an dir; du bringst ja nichts herbei,
Nicht eine Dummheit, keine Sauerei.

FROSCH *(gießt ihm ein Glas Wein über den Kopf)*

Da hast du beides!

BRANDER

Doppelt Schwein!

FROSCH

Ihr wollt es ja, man soll es sein!

SIEBEL

Zur Tür hinaus, wer sich entzweit!
Mit offner Brust singt Runda, sauft und schreit!
Auf! Holla! Ho!

ALTMAYER

Weh mir, ich bin verloren!
Baumwolle her! der Kerl sprengt mir die Ohren.

SIEBEL

Wenn das Gewölbe widerschallt
Fühlt man erst recht des Basses Grundgewalt.

FROSCH

So recht, hinaus mit dem, der etwas übelnimmt!
A! tara lara da!

ALTMAYER

A! tara lara da!

FROSCH

Die Kehlen sind gestimmt.
(Singt). Das liebe Heil'ge Röm'sche Reich,
Wie hält's nur noch zusammen?

BRANDER

Ein garstig Lied! Pfui! ein politisch Lied!
(Faust und Mephistopheles treten auf.)

MEPHISTOPHELES

Ich muß dich nun vor allen Dingen
In lustige Gesellschaft bringen,
Damit du siehst, wie leicht sich's leben läßt.
Dem Volke hier wird jeder Tag ein Fest.
Mit wenig Witz und viel Behagen
Dreht jeder sich im engen Zirkeltanz,
Wie junge Katzen mit dem Schwanz.
Wenn sie nicht über Kopfweh klagen.

ALTMAYER

Gebt uns ein Lied!

MEPHISTOPHELES *(singt).*

Es war einmal ein König,
Der hatt einen großen Floh,
Den liebt er gar nicht wenig,
Als wie seinen eignen Sohn.
Da rief er seinen Schneider,
Der Schneider kam heran:
»Da, miß dem Junker Kleider
Und miß ihm Hosen an!«

FROSCH

Bravo! Bravo! Das war schön!
(Mephistopheles verschwindet mit Faust, die Gesellen fahren auseinander.)

Nein, sagt mir nur, was ist geschehn?

SIEBEL

Wo ist der Kerl? Wenn ich ihn spüre,
Er soll mir nicht lebendig gehn!

ALTMAYER

Ich hab ihn selbst hinaus zur Kellertüre
Auf einem Fasse reiten sehn – –
Es liegt mir bleischwer in den Füßen.
(Sich nach dem Tische wendend.)
Mein! Sollte wohl der Wein noch fließen?

SIEBEL

Betrug war alles, Lug und Schein.

FROSCH

Mir deuchte doch, als tränk ich Wein.

BRANDER

Aber wie war es mit den Trauben?

ALTMAYER

Nun sag mir eins, man soll kein Wunder glauben.

HEXENKÜCHE

Auf einem niedrigen Herde steht ein großer Kessel über dem Feuer. In dem Dampfe, der davon in die Höhe steigt, zeigen sich verschiedene Gestalten. Eine Meerkatze sitzt bei dem Kessel und schäumt ihn und sorgt, daß er nicht überläuft.

MEPHISTOPHELES

Das wär ein schöner Zeitvertreib!
Ich wollt indes wohl tausend Brücken bauen.
Nicht Kunst und Wissenschaft allein,
Geduld will bei dem Werke sein.
Ein stiller Geist ist jahrelang geschäftig;
Die Zeit nur macht die feine Gärung kräftig.
Und alles, was dazu gehört,
Es sind gar wunderbare Sachen!
Der Teufel hat sie's zwar gelehrt;
Allein der Teufel kann's nicht machen.
(Die Tiere erblickend.)

Sieh, welch ein zierliches Geschlecht!
Das ist die Magd! das ist der Knecht!
(Zu den Tieren.)
Es scheint, die Frau ist nicht zu Hause?

DIE TIERE

Beim Schmause,
Aus dem Haus
Zum Schornstein hinaus!

MEPHISTOPHELES

Wie lange pflegt sie wohl zu schwärmen?

DIE TIERE

Solange wir uns die Pfoten wärmen.

MEPHISTOPHELES *(zu Faust)*.

Wie findest du die zarten Tiere?

FAUST

So abgeschmackt, als ich nur jemand sah!

MEPHISTOPHELES

Wie glücklich würde sich der Affe schätzen,
Könnt er nur auch ins Lotto setzen!

FAUST *(welcher diese Zeit über vor einem Spiegel gestanden, sich ihm bald genähert, bald sich von ihm entfernt)*

Was seh ich? Welch ein himmlisch Bild
Zeigt sich in diesem Zauberspiegel!
O Liebe, leihe mir den schnellsten deiner Flügel,
Und führe mich in ihr Gefild!
Ach, wenn ich nicht auf dieser Stelle bleibe,

Wenn ich es wage, nah zu gehn,
Kann ich sie nur als wie im Nebel sehn! –
Das schönste Bild von einem Weibe!
Ist's möglich, ist das Weib so schön?
Muß ich an diesem hingestreckten Leibe
Den Inbegriff von allen Himmeln sehn?
So etwas findet sich auf Erden?

(Gegen den Spiegel.)
Weh mir! ich werde schier verrückt.

DIE HEXE

Au! Au! Au! Au!
Verdammtes Tier! verfluchte Sau!
Versäumst den Kessel, versengst die Frau!
Verfluchtes Tier!
(Faust und Mephistopheles erblickend.)
Was ist das hier?
Wer seid ihr hier?
Was wollt ihr da?
Wer schlich sich ein?
Die Feuerpein
Euch ins Gebein!
(Sie fährt mit dem Schaumlöffel in den Kessel und spritzt Flammen nach Faust, Mephistopheles und den Tieren. Die Tiere winseln.)

MEPHISTOPHELES *(welcher den Wedel, den er in der Hand hält, umkehrt und unter die Gläser und Töpfe schlägt)*

Entzwei! entzwei!
Da liegt der Brei!
Da liegt das Glas!
Es ist nur Spaß,
Der Takt, du Aas,
Zu deiner Melodei!
Hast du vorm roten Wams nicht mehr Respekt?
Kannst du die Hahnenfeder nicht erkennen?
Hab ich dies Angesicht versteckt?
Soll ich mich etwa selber nennen?

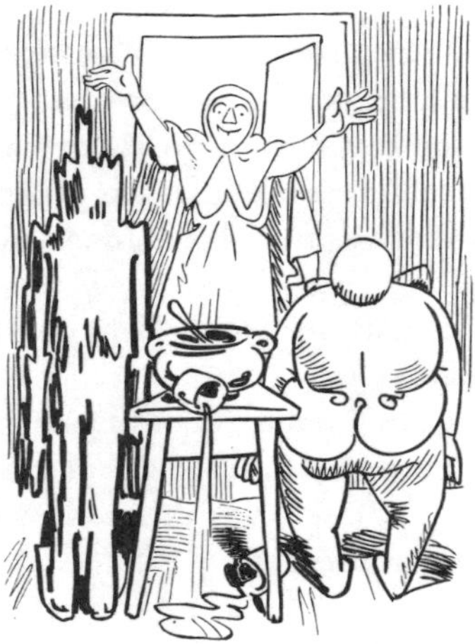

DIE HEXE *(tanzend)*

Sinn und Verstand verlier ich schier,
Seh ich den Junker Satan wieder hier!

MEPHISTOPHELES

Erkennst du mich? Gerippe! Scheusal du!
Erkennst du deinen Herrn und Meister?
Was hält mich ab, so schlag ich zu,
Zerschmettre dich und deine Katzengeister!
Dies ist die Art mit Hexen umzugehen.

DIE HEXE

Nun sagt, ihr Herren, was ihr hier schafft.

MEPHISTOPHELES

Ein gutes Glas von dem bekannten Saft!
Doch muß ich Euch ums ältste bitten;
Die Jahre doppeln seine Kraft.

DIE HEXE

Gar gern! Hier hab ich eine Flasche,
Aus der ich selbst zuweilen nasche,
Die auch nicht mehr im mindsten stinkt;
Ich will euch gern ein Gläschen geben.
(Leise.) Doch wenn es dieser Mann unvorbereitet trinkt,
So kann er, wißt Ihr wohl, nicht eine Stunde leben.

MEPHISTOPHELES

Es ist ein guter Freund, dem es gedeihen soll;
Ich gönn ihm gern das Beste deiner Küche.
Zieh deinen Kreis, sprich deine Sprüche,
Und gib ihm eine Tasse voll!

DIE HEXE

Mög Euch das Schlückchen wohl behagen!

MEPHISTOPHELES *(zur Hexe)*
Und kann ich dir was zu Gefallen tun,
So darfst du mir's nur auf Walpurgis sagen.

DIE HEXE
Hier ist ein Lied! wenn Ihr's zuweilen singt,
So werdet Ihr besondre Wirkung spüren.

MEPHISTOPHELES *(zu Faust)*
Komm nur geschwind und laß dich führen;
Du mußt notwendig transpirieren,
Damit die Kraft durch Inn- und Äußres dringt.
Den edlen Müßiggang lehr ich hernach dich schätzen,
Und bald empfindest du mit innigem Ergetzen,
Wie sich Cupido regt und hin und wider springt.

FAUST
Laß mich nur schnell noch in den Spiegel schauen!
Das Frauenbild war gar zu schön!

MEPHISTOPHELES
Nein! Nein! Du sollst das Muster aller Frauen
Nun bald leibhaftig vor dir sehn.
(Leise.) Du siehst, mit diesem Trank im Leibe,
Bald Helenen in jedem Weibe.

STRASSE

Faust. Margarete vorübergehend.

FAUST

Mein schönes Fräulein, darf ich wagen,
Meinen Arm und Geleit Ihr anzutragen?

MARGARETE

Bin weder Fräulein, weder schön,
Kann ungeleitet nach Hause gehn.
(Sie macht sich los und ab.)

FAUST

Das ist ein herrlich schönes Kind!
Die hat was in mir angezündt.
Sie ist so sitt- und tugendreich
Und etwas schnippisch doch zugleich.
Der Lippen Rot, der Wange Licht,
Die Tage der Welt vergeß ich's nicht!
Wie sie die Augen niederschlägt,
Hat tief sich in mein Herz geprägt.

Wie sie kurz angebunden war,
Das ist nun zum Entzücken gar.
(Mephistopheles tritt auf.)

FAUST

Hör, du mußt mir die Dirne schaffen!

MEPHISTOPHELES

Nun welche?

FAUST

Sie ging just vorbei.

MEPHISTOPHELES

Da die? Sie kam von ihrem Pfaffen,
Der sprach sie aller Sünden frei.
Ich schlich mich hart am Stuhl herbei.
Es ist ein gar unschuldig Ding,
Das eben für nichts zur Beichte ging.
Über die hab ich keine Gewalt.

FAUST

Ist über vierzehn Jahr doch alt.

MEPHISTOPHELES

Sprichst, ei, wie der Hans Liederlich,
Der begehrt jede liebe Blum für sich,
Und dünkelt ihm, es wär kein Ehr
Und Gunst, die nicht zu pflücken wär.
Geht aber doch nicht immer an.

FAUST

Mein Herr Magister Lobesan,
Laß er mich mit dem Gesetz in Frieden!
Und das sag ich Ihm kurz und gut,
Wenn nicht das süße junge Blut
Heut nacht in meinen Armen ruht,
So sind wir um Mitternacht geschieden.

MEPHISTOPHELES

Bedenkt, was gehn und stehen mag!
Gebt mir zum wenigst vierzehn Tag
Nur die Gelegenheit zu spüren.

FAUST

Hätt ich nur sieben Tage Ruh,
Braucht keinen Teufel nicht dazu,
So ein Geschöpfchen zu verführen.

MEPHISTOPHELES

Ihr sprecht schon fast wie ein Franzos.
Drum bitt ich, laßt's Euch nicht verdrießen,
Was hilft so grade zu genießen?
Die Freud ist lange nicht so groß,
Als wenn Ihr erst herauf, herum
Durch allerlei Brimborium
Das Püppchen geknet und zugericht,
Wie's lehret manche welsch Geschicht.

FAUST

Hab Appetit auch ohne das.

MEPHISTOPHELES

Jetzt ohne Schimpf und ohne Spaß!
Ich sag Euch, mit dem schönen Kind
Geht's ein- für allemal nicht geschwind.
Mit Sturm ist da nichts einzunehmen,
Wir müssen uns zur List bequemen.

FAUST

Schaff mir etwas von Engelsschatz,
Führ mich an ihren Ruheplatz,
Schaff mir ein Halstuch von ihrer Brust,
Ein Strumpfband meiner Liebeslust!

GARTEN

Margarete an Faustens Arm, Marthe mit Mephistopheles auf und ab spazierend.

MARGARETE

Ich fühl es wohl, daß mich der Herr nur schont,
Herab sich läßt, mich zu beschämen.
Ein Reisender ist so gewohnt,
Aus Gütigkeit fürliebzunehmen;
Ich weiß zu gut, daß solch erfahrnen Mann
Mein arm Gespräch nicht unterhalten kann.

FAUST

Ein Blick von dir, ein Wort mehr unterhält
Als alle Weisheit dieser Welt.
(Er küßt ihre Hand.)

MARGARETE

Inkommodiert Euch nicht! Wie könnt Ihr sie nur küssen?
Sie ist so garstig, ist so rauh!
Was hab ich nicht schon alles schaffen müssen!
Die Mutter ist gar zu genau.

FAUST

Ach, daß die Einfalt, daß die Unschuld nie
Sich selbst und ihren heil'gen Wert erkennt!
Daß Demut, Niedrigkeit, die höchsten Gaben
Der liebevoll austeilenden Natur –

MARGARETE

Denkt Ihr an mich ein Augenblickchen nur,
Ich werde Zeit genug an Euch zu denken haben.

FAUST

Ihr seid wohl viel allein?

MARGARETE

Doch schmeckt dafür das Essen, schmeckt die Ruh.
(Gehn vorüber.)

MARTHE

Die armen Weiber sind doch übel dran:
Ein Hagestolz ist schwerlich zu bekehren.

MEPHISTOPHELES

Es käme nur auf Euresgleichen an,
Mich eines Bessern zu belehren.

MARTHE

Sagt grad, mein Herr, habt Ihr noch nichts gefunden?
Hat sich das Herz nicht irgendwo gebunden?

MEPHISTOPHELES

Das Sprichwort sagt: Ein eigner Herd,
Ein braves Weib sind Gold und Perlen wert.

MARTHE

Ich meine: ob Ihr niemals Lust bekommen?

MEPHISTOPHELES

Man hat mich überall recht höflich aufgenommen.

MARTHE

Ich wollte sagen: ward's nie Ernst in Eurem Herzen?

MEPHISTOPHELES

Mit Frauen soll man sich nie unterstehn zu scherzen.

MARTHE

Ach, Ihr versteht mich nicht!

MEPHISTOPHELES

Das tut mir herzlich leid!
Doch ich versteh – daß Ihr sehr gütig seid.
(Gehn vorüber.)

FAUST

Ach, kann ich nie
Ein Stündchen ruhig dir am Busen hängen
Und Brust an Brust und Seel in Seele drängen?

MARGARETE

Ach wenn ich nur alleine schlief!
Ich ließ dir gern heut nacht den Riegel offen;
Doch meine Mutter schläft nicht tief,
Und würden wir von ihr betroffen,
Ich wär gleich auf der Stelle tot!

FAUST

Du Engel, das hat keine Not.
Hier ist ein Fläschchen! Drei Tropfen nur
In ihren Trank umhüllen
Mit tiefem Schlaf gefällig die Natur.

MARGARETE

Was tu ich nicht um deinetwillen?
Es wird ihr hoffentlich nicht schaden!

FAUST

Würd ich sonst, Liebchen, dir es raten?

MARGARETE

Seh ich dich, bester Mann, nur an,
Weiß nicht, was mich nach deinem Willen treibt;
Ich habe schon so viel für dich getan,
Daß mir zu tun fast nichts mehr übrigbleibt.
(Ab.)

DIE NACHT

Goethe vermied diese Szene.
Busch hingegen, der es faust-dick hinter den Ohren hatte, erlaubte sich, alles aufzuzeichnen.

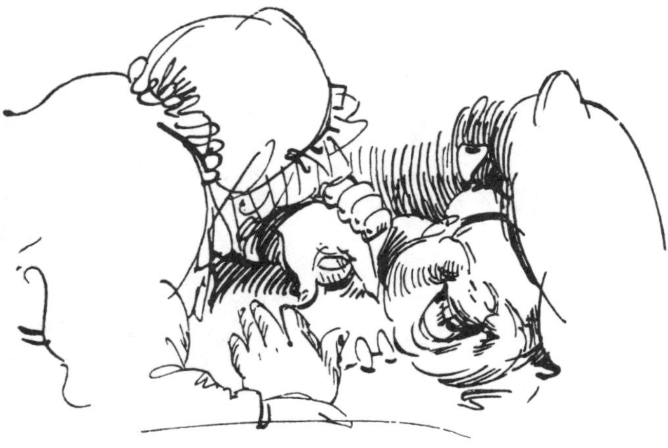

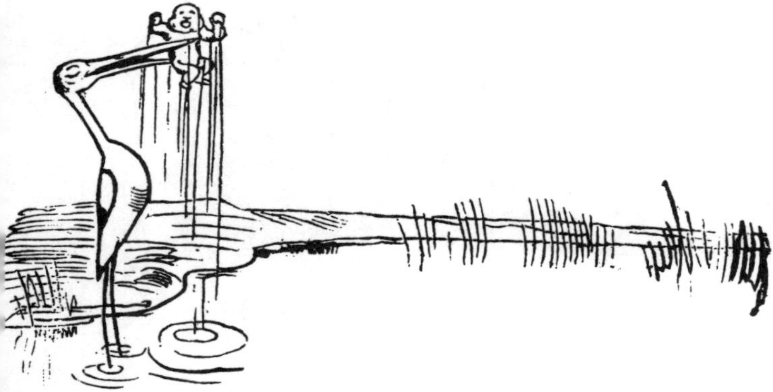

WALPURGISNACHT

Harzgebirg
Gegend von Schierke und Elend
Faust. Mephistopheles

MEPHISTOPHELES

Verlangst du nicht nach einem Besenstiele?
Ich wünschte mir den allerderbsten Bock.
Auf diesem Weg sind wir noch weit vom Ziele.

FAUST

Solang ich mich noch frisch auf meinen Beinen fühle,
Genügt mir dieser Knotenstock.

MEPHISTOPHELES

Da sieh nur, welche bunten Flammen!
Es ist ein muntrer Klub beisammen.
Im Kleinen ist man nicht allein.

FAUST

Doch droben möcht ich lieber sein!
Schon seh ich Glut und Wirbelrauch.
Dort strömt die Menge zu dem Bösen;
Da muß sich manches Rätsel lösen.

TRÜBER TAG.
FELD

Faust. Mephistopheles

FAUST

Im Elend! Verzweifelnd! Erbärmlich auf der Erde lange verirrt und nun gefangen! Als Missetäterin im Kerker zu entsetzlichen Qualen eingesperrt, das holde unselige Geschöpf! Bis dahin! dahin! – Verräterischer, nichtswürdiger Geist, und das hast du mir verheimlicht! – Steh nur, steh, wälze die teuflischen Augen ingrimmend im Kopf herum! Steh und trutze mir durch deine unerträgliche Gegenwart! Gefangen! Im unwiederbringlichen Elend! Bösen Geistern übergeben und der richtenden gefühllosen Menschheit! Und mich wiegst du indes in abgeschmackten Zerstreuungen, verbirgst mir ihren wachsenden Jammer und lässest sie hilflos verderben!

MEPHISTOPHELES

Sie ist die erste nicht.

FAUST

Hund! abscheuliches Untier! –

KERKER

FAUST *(mit einem Bund Schlüssel und einer Lampe, vor einem eisernen Türchen)*
Mich faßt ein längst entwohnter Schauer,
Der Menschheit ganzer Jammer faßt mich an.
Hier wohnt sie hinter dieser feuchten Mauer,
Und ihr Verbrechen war ein guter Wahn!
Du zauderst, zu ihr zu gehen!
Du fürchtest, sie wiederzusehen!
Fort! dein Zagen zögert den Tod heran.

FAUST *(aufschließend)*
Sie ahnet nicht, daß der Geliebte lauscht,
Die Ketten klirren hört, das Stroh, das rauscht.
(Er tritt ein.)

MARGARETE *(sich auf dem Lager verbergend)*
Weh! Weh! Sie kommen. Bittrer Tod!

FAUST *(laut)*
Gretchen! Gretchen!

MARGARETE *(aufmerksam)*
Das war des Freundes Stimme!
(Sie springt auf. Die Ketten fallen ab.)
Wo ist er? ich hab ihn rufen hören.
Ich bin frei! mir soll niemand wehren.
An seinen Hals will ich fliegen,
An seinem Busen liegen!
Er rief Gretchen! Er stand auf der Schwelle.
Mitten durchs Heulen und Klappern der Hölle,
Durch den grimmigen, teuflischen Hohn
Erkannt ich den süßen, den liebenden Ton.

MEPHISTOPHELES *(erscheint draußen)*
Auf! oder ihr seid verloren.
Unnützes Zagen! Zaudern und Plaudern!
Meine Pferde schaudern,
Der Morgen dämmert auf.

MARGARETE
Was steigt aus dem Boden herauf?
Der! der! Schick ihn fort!
Was will der an dem heiligen Ort?
Er will mich!

FAUST
Du sollst leben!

MARGARETE
Gericht Gottes! dir hab ich mich übergeben!

MEPHISTOPHELES *(zu Faust)*
Komm! komm! Ich lasse dich mit ihr im Stich.

MARGARETE
Dein bin ich, Vater! Rette mich!
Ihr Engel! Ihr heiligen Scharen,
Lagert euch umher, mich zu bewahren!
Heinrich! Mir graut's vor dir. *(Sie stirbt.)*

MEPHISTOPHELES
Sie ist gerichtet!

STIMME *(von oben)*
Ist gerettet!

Ende

Moral und christliche Nutzanwendung:

Verliebt Euch zwar, doch nicht so heiß
Dann fliegt Ihr nicht so aus dem Gleis

Euer
J. W. v. Göte

Bitte beachten Sie auch
die folgenden Seiten

Johann Wolfgang Goethe im Diogenes Verlag

»Goethe ist unerschöpflich. Er kann nicht klassifiziert werden, weder als Dichter, noch als Naturforscher, noch als Künstler, noch als Schriftsteller, weder als Verwaltungsbeamter, noch als Hofmann, noch als Politiker. Er war alles und noch mehr.« *Karl Jaspers*

»Goethe zum Beispiel hat in allen Formen und Gattungen der Poesie Kunstwerke produziert.«
Georg Wilhelm Friedrich Hegel

Gedichte
Erster Band. Lieder / Balladen / Elegien / Sonette / Kantaten / Epigramme
Herausgegeben von Ernst Merian-Genast
Mit einem Nachwort von Richard Dehmel

Zweiter Band. Gedankenlyrik / Westöstlicher Divan
Mit einem Nachwort von Konrad Burdach

Faust
Der Tragödie erster und zweiter Teil
Herausgegeben von Ernst Merian-Genast
Mit einem Nachwort von Thomas Mann

Die Leiden des jungen Werther
Roman. Mit einem Kommentar des Autors aus dem Jahre 1814

Die Wahlverwandtschaften
Roman. Mit einem Nachwort von Reinhard Baumgart

Die schönsten Gedichte von Goethe
Ausgewählt von Franz Sutter

Wilhelm Busch im Diogenes Verlag

Das Wichtigste von Wilhelm Busch als schöne Studienausgabe in sieben Bänden, herausgegeben von Friedrich Bohne, in Zusammenarbeit mit dem Wilhelm-Busch-Museum, Hannover. Alle Bildergeschichten sind nach Originalvorlagen, nach Abdrucken von den Originalhölzern oder nach ausgesuchten Erst- und Frühdrucken reproduziert. Alle Texte sind nach Handschriften, Verlagsabschriften und Erstausgaben neu durchgesehen und mit einem kritischen und erklärenden Anhang versehen.

Max und Moritz
Eine Bubengeschichte in sieben Streichen. Mit einem Nachwort von Dr. Friedrich Bohne. Als Vorlage diente ein ausgesuchter handkolorierter Frühdruck

Gedichte

Die fromme Helene

Tobias Knopp
Trilogie

Hans Huckebein / Fipps der Affe / Plisch und Plum

Balduin Bählamm
Maler Klecksel

Eduards Traum
Der Schmetterling
Mit einem Nachwort des Herausgebers zu dieser Ausgabe, Chronik und Bibliographie

Die Brüder Grimm im Diogenes Verlag

Märchen der Brüder Grimm

Illustriert von Maurice Sendak

»Sendak ist als Autor und Illustrator von Kinderbüchern in aller Kenner Munde und hoffentlich in vieler Kinder Händen. Hier jedoch stellt er eine durchaus andere Seite seiner Meisterschaft unter Beweis: die Fähigkeit, anhand von teilweise abgegriffenen, jedenfalls strapazierten Allegorien eine ungeheuerliche Wirklichkeit erstehen zu lassen, und zwar nicht mit naturalistischen Mitteln. Er bedient sich konsequent einer streng artifiziellen Manier, um den Aussagegehalt dieser bösen Texte zu entlarven, in denen Eltern ihre Kinder aussetzen und eine Frau ihrem Mann den eingemachten Sohn zum Essen vorsetzt; in denen, entweder versteckt oder verblümt, das Niederträchtige die Norm ist; lesenswert wie eh und je, lesbarer als mancher Klassiker.«
Wolfgang Hildesheimer/Der Spiegel, Hamburg

»Ein wahres Grimm-Spektakel: Eindringlicher sind Zauber und Schrecken in der phantastischen Traumwelt von Schneewittchen, Hänsel und Gretel oder Gevatter Tod nicht dargestellt worden.«
Stern, Hamburg

»Die Federzeichnungen erinnern mehr als einmal durch ihre unheimliche Stimmung und groteske Komposition an Alfred Kubin und sogar an die Collagen von Max Ernst.«
Michael Schulte/Frankfurter Allgemeine Zeitung

»Die schönste Ausgabe Grimmscher Märchen, die gegenwärtig auf dem Markt ist.« *Der Tagesspiegel, Berlin*

Das große Märchenbuch

Die schönsten Märchen aus Europa
Gesammelt von Christian Strich,
mit über 600 Bildern von Tatjana Hauptmann
Ein Diogenes Hausbuch

»Ein Buch zum Schmökern und Stöbern ... mit vorzüglichen Zeichnungen und Aquarellen von Tatjana Hauptmann, deren Figuren nicht wie in anderen Märchenbüchern niedlich sind, sondern keck und frech, dumm und dreist, hochnäsig und arrogant, lieb und böse – ganz wie im wirklichen Leben.«
Der Tagesspiegel, Berlin

»Tatjana Hauptmann, schon berühmt und vielgeehrt, hat sich selbst übertroffen.«
Maria Frisé/Frankfurter Allgemeine Zeitung

»Ein Buch, das ich allen Kindern wünsche, – und auch deren Eltern.«
Gregor Filthaut/Süddeutscher Rundfunk

»Märchen kann man in seinem Leben zweimal und zweifach lesen. Zuerst einfältig, als Kind, mit dem naiven Glauben, daß die belebt-bunte Welt ihrer Geschehnisse eine wahrhaftige sei, und dann, viel, viel später, mit dem vollen Bewußtsein ihrer Erfindung.«
Stefan Zweig

Kleine Diogenes Taschenbücher

»Literarische und philosophische Kostbarkeiten.«
Kölner Stadtanzeiger

Die Bergpredigt
Aktuelle Texte aus dem Neuen Testament

Bertolt Brecht
Die schönsten Gedichte

Wilhelm Busch
Die schönsten Gedichte

Albert Camus
Weder Opfer noch Henker
Über eine neue Weltordnung

Anton Čechov
Die Dame mit dem Hündchen
Zwei Erzählungen

Luciano De Crescenzo
Sokrates
Sein Leben und Denken

Fjodor Dostojewskij
Die Sanfte

Doris Dörrie
Der Mann meiner Träume
Erzählung

Friedrich Dürrenmatt
Die Panne
Eine noch mögliche Geschichte

Albert Einstein & Sigmund Freud
Warum Krieg?
Ein Briefwechsel

Epiktet
Handbüchlein der Moral und Unterredungen

Epikur
Über das Glück
Ausgewählte Texte

Theodor Fontane
Die schönsten Gedichte

Geschichten aus der Bibel
Die Geschichte von der Erschaffung der Welt
von Adam und Eva, von Abraham, Jakob und von Joseph und seinen Brüdern
Die Geschichte von Hiob
Die Geschichte von König David
Die Geschichte von Moses
vom Exodus, den Zehn Geboten und dem Einzug ins Gelobte Land

Johann Wolfgang Goethe
Die schönsten Gedichte

Heinrich Heine
Die schönsten Gedichte

Hermann Hesse
Die schönsten Gedichte

Patricia Highsmith
Drei Katzengeschichten

Hildegard von Bingen
Lieder
Lateinisch/deutsch

I Ging
Das Buch der Wandlungen

Franz Kafka
Die Verwandlung
Erzählung
Brief an den Vater

Immanuel Kant
Deines Lebens Sinn

Die schönsten Katzengedichte

Lao Tse
Tao-Te-King

Die schönsten Liebesbriefe deutscher Musiker

Die schönsten deutschen Liebesgedichte

Loriot
Szenen einer Ehe

W. Somerset Maugham
Die Leidenschaft des Missionars
Erzählung

Mohammed
Die Stimme des Propheten

Michel de Montaigne
Um recht zu leben
Aus den Essais

Christian Morgenstern
Galgenlieder

Eduard Mörike
Mozart auf der Reise nach Prag
Novelle

Walter Nigg
Teresa von Avila
Eine leidenschaftliche Seele

No future?

Rainer Maria Rilke
Briefe an eine junge Frau
Briefe an einen jungen Dichter
Die schönsten Gedichte

Joachim Ringelnatz
Die schönsten Gedichte

Salomo
Weinen hat seine Zeit
Lachen hat seine Zeit
Die großen Dichtungen des König Salomo

Georges Simenon
Brief an meine Mutter

Patrick Süskind
Drei Geschichten
und eine Betrachtung

Susanna Tamaro
Eine Kindheit
Erzählung

Henry David Thoreau
Über die Pflicht zum Ungehorsam gegen den Staat

Mark Twain
Adams Tagebuch
und eine andere Liebesgeschichte